INAUGURATION

DU

MONUMENT ÉLEVÉ PAR SOUSCRIPTION

A LA MÉMOIRE

DE

M. L'ABBÉ LOCATELLI

CHANOINE HONORAIRE DE PARIS

CURÉ DE NOTRE-DAME DE GRACE DE PASSY

LE 14 MAI 1880

DISCOURS

PRONONCÉ PAR

M. LE COMTE DE FRANQUEVILLE

PRÉSIDENT DU CONSEIL DE FABRIQUE

PARIS-AUTEUIL

IMPRIMERIE DES APPRENTIS-ORPHELINS. — ROUSSEL

40, rue La Fontaine, 40

1880

INAUGURATION

DU

MONUMENT

DE

M. L'ABBÉ LOCATELLI

INAUGURATION

DU

MONUMENT ÉLEVÉ PAR SOUSCRIPTION

A LA MÉMOIRE

DE

M L'ABBÉ LOCATELLI

CHANOINE HONORAIRE DE PARIS

CURÉ DE NOTRE-DAME DE GRACE DE PASSY

LE 14 MAI 1880

DISCOURS

PRONONCÉ PAR

M. LE COMTE DE FRANQUEVILLE

PRÉSIDENT DU CONSEIL DE FABRIQUE

PARIS-AUTEUIL

IMPRIMERIE DES APPRENTIS-ORPHELINS. — ROUSSEL

40, rue La Fontaine, 40

1880

Le vendredi 14 mai 1880 a eu lieu, au cimetière de Passy, l'inauguration du monument élevé, par souscription, à la mémoire de M. l'abbé HIPPOLYTE LOCATELLI, chanoine honoraire de Paris, curé de Notre-Dame de Passy, chevalier de la légion d'honneur et du Saint-Sépulcre, décédé, en son presbytère, le 14 mai 1879.

A la suite du service solennel de bout de l'an célébré à l'église dont M. Locatelli a été curé pendant plus de 27 ans, le clergé de la paroisse s'est rendu au cimetière où a eu lieu, en présence d'une foule recueillie, la bénédiction du monument funèbre.

M. le comte de Franqueville président du conseil de fabrique s'étant avancé près de la tombe, a prononcé les paroles qui suivent :

Sur cette terre bénie où reposent les cendres de celui qui fut, pendant plus d'un quart de siècle, notre bien-aimé pasteur, nous venons aujourd'hui répandre nos larmes avec nos prières : nos larmes, parceque chaque jour nous fait plus cruellement et plus profondément sentir l'amertume de notre deuil, nos prières, parce que nous devons acquitter, dans la faible mesure de nos forces, une partie de l'immense dette de reconnaissance que cette paroisse toute entière a contractée envers son vénérable et saint curé.

Oui telle est la commune pensée qui nous réunit autour du monument que nous avons élevé comme un suprême hommage rendu à cet admirable prêtre et, avant que nous quittions l'asile où son corps repose en attendant le jour de l'éternelle résurrection, il convient, ce me semble, qu'une voix s'élève pour exprimer les sentiments qui sont au fond de tous les cœurs.

Aussi bien n'est-il pas besoin d'un long discours pour rappeler les principaux traits d'une vie dont la plus grande partie s'est écoulée sous vos yeux.

M. l'abbé Hippolyte Locatelli était né à Beaugency, le 21 avril 1803. Ses parents issus d'une famille originaire de Lombardie, mais, depuis longtemps fixée dans l'Orléanais, avaient conservé, pendant la période révolutionnaire, le trésor précieux de la foi. Dieu avait béni leur union, en leur donnant trois fils et, par une plus rare faveur, en appelant successivement chacun de ces enfants à la sublime mission du sacerdoce. L'un deux était, au moment de sa mort, curé d'une importante paroisse du diocèse d'Orléans, l'autre, dont les cendres reposent ici, était vicaire de l'église de Saint-Ambroise, à Paris. Quant à M. Hippolyte Locatelli, il avait commencé ses études sous la direction d'un de ses oncles, curé de Chambord et il venait de les achever à Saint-Acheul, lorsqu'il fut .appelé à Paris par deux de ses parents, dont l'heureuse influence ne fit que le confirmer dans ses pieux desseins : j'ai nommé M. l'abbé Desjardins curé des Missions étrangères puis vicaire général de Paris, et un ancien secrétaire de la Reine Marie-Antoinette, M. Laurent, qui menait, dans le monde, l'existence d'un véritable religieux.

A peine âgé de 24 ans, M. Locatelli était ordonné prêtre et attaché à la paroisse des Missions étrangères, sous les ordres de l'abbé Desgenettes, qui allait bientôt fonder l'archiconfrérie de Notre-Dame des Victoires. Nommé plus tard vicaire à Saint-Etienne du Mont puis à Sainte-Madeleine et enfin à Notre-Dame de Lorette, l'abbé Locatelli remplit, pendant plus de treize ans, les fonctions de premier vicaire de cette dernière paroisse. Entouré de l'estime et de l'affection de tous, il ne songeait qu'à faire le bien et jamais une pensée d'ambition n'avait traversé son esprit. De même que son oncle M. l'abbé Desjardins avait refusé l'évêché de Châlons auquel il avait été nommé en 1823, M. Locatelli intime ami du général Cavaignac et de sa famille évita constamment les honneurs qu'on lui pouvait offrir. Souvent consulté sur d'importantes affaires, il donnait toujours d'utiles avis et sans cesse disposé à servir les autres, il réclamait pour lui même, le privilège d'être oublié.

Il lui fallut cependant obéir, lorsque son archevêque le nomma curé de Passy. Ce fut le 14 janvier 1852, que M. le vicaire général Bautain vint l'installer dans ces nouvelles fonctions. M Locatelli n'avait pas encore cinquante ans : il possédait tout ensemble l'expérience et l'activité nécessaires pour remplir la mission qui lui était confiée.

Il faudrait pouvoir comparer la situation de la paroisse de Passy, à cette époque, avec l'état dans lequel nous la voyons aujourd'hui, pour se faire une idée de l'œuvre immense que M. l'abbé Locatelli a si courageusement entreprise, si résolument poursuivie, si heureusement achevée.

Sa première pensée fut pour la maison de Dieu.

Il n'y avait alors, pour desservir l'immense territoire compris : d'une part entre la Seine et l'avenue de Neuilly, de l'autre entre les fortifications et l'enceinte de Paris qu'une petite chapelle absolument insuffisante. Le nouveau curé la fit agrandir de façon à en doubler les dimensions, puis il fit construire, au milieu du quartier de la plaine, une chapelle de secours qui est devenue plus tard le centre de la paroisse Saint-Honoré.

Mais ce n'était pas tout de posséder une église ; il fallait encore y attirer la foule des indifférents. Le vénérable curé sollicita et obtint l'augmentation du nombre de ses collaborateurs puis, comprenant que le seul moyen efficace de convertir les âmes était de créer des œuvres, il commença par réorganiser les catéchismes, dont il augmenta le nombre de façon à offrir à chacun, ses moyens de s'instruire des vérités de la religion.

Le succès couronna ses efforts, mais, bien loin d'y trouver un motif de repos, le bon curé y voyait au contraire une raison pour redoubler d'ardeur et de zèle. La paroisse possédait, depuis 1844, une maison de Sœurs de Saint-Vincent de Paul, mais cette installation restreinte et défectueuse n'était pas susceptible d'être agrandie. M. Locatelli ne recula devant aucune difficulté et, dès 1853, il réussit à fonder le magnifique établissement que vous connaissez tous. Là, il établit successivement : une crèche, un ouvroir, un orphelinat, un patronage, un asile, une maison de secours, un vestiaire, etc. En même temps, il créait, pour les garçons, une maîtrise et une école gratuite avec des cours du soir pour les adultes. Enfin, pour répondre à tous les besoins spirituels et moraux, il

établit l'Œuvre des Dames auxiliatrices des ma-
lades, celles du Rosaire vivant, de l'adoration du
Saint Sacrement, la Bibliothèque paroissiale, la
Société de Saint-François Xavier, la conférence de
Saint-Vincent de Paul, la confrérie du Sacré-Cœur,
l'Archiconfrérie de la Sainte Vierge, l'Association
des mères chrétiennes, celle de Saint-François de
Sales, l'Œuvre du repos du dimanche, sans compter
celles que j'oublie peut-être.

En songeant à cette merveilleuse éclosion, on
comprend que la paroisse de Passy ait été transformée
au point de devenir l'un des centres les plus actifs de
piété que renferme aujourd'hui Paris. Et pourtant la
création de toutes ces œuvres n'est pas la seule cause
à laquelle on doive attribuer ces résultats si consolants :
une partie du succès et la plus grande peut-être tenait
à l'action personnelle de M. Locatelli.

« Quand Dieu créa l'homme, dit Bossuet, il y mit
particulièrement la bonté, comme sa plus divine
empreinte. » Et, en effet, la bonté possède une si invin-
cible puissance que l'instinct populaire en a fait le
principal attribut de la divinité, en rendant, pour ainsi
dire inséparables ces deux mots : *le bon Dieu.*

Or, le trait saillant du caractère de M. Locatelli,
c'était la bonté. Et cette bonté était tellement rayon-
nante qu'il était impossible de voir ce saint prêtre, ne

fut-ce qu'en passant, sans se sentir invinciblement
attiré vers lui. Il était bon envers tous, il était bon
toujours. Sa maison était celle d'un père de famille :
il réunissait à sa table, au moins une fois par semaine,
tous les membres du clergé de sa paroisse et ses rap-
ports avec ses collaborateurs étaient empreints d'une
incessante bienveillance et d'une continuelle cordialité.
Jamais le plus léger nuage ne vint troubler les relations
qu'il entretenait avec les membres du conseil de
fabrique. Son salon était l'asile des pieuses réunions,
et nul n'oubliera jamais le cordial accueil que
pauvres et riches étaient sûrs d'y trouver.

Uniquement préoccupé du service de Dieu et du
salut des âmes, M. Locatelli ne perdait point son
temps à rendre d'inutiles visites, mais chacun savait
à quel point ce véritable père s'associait à toutes les
joies comme à toutes les tristesses de ses paroissiens.
Notre bonheur semblait le sien, tant il y prenait part,
mais c'est surtout aux heures d'épreuve que nous
trouvions en lui un incomparable ami. Dès que le
malheur semblait nous menacer, il accourait à nous
et il savait tirer de son cœur les plus douces et les
plus efficaces consolations.

De goûts simples et modestes, il était, pour
employer l'expression dont l'église se sert en louant
Sainte Sabine : *pauperibus locuples, sibi pauper,*

riche pour les pauvres, pauvre pour lui-même. Sa générosité était absolument inépuisable, jamais il ne savait refuser et, lorsqu'on lui faisait observer que son modeste patrimoine ne tarderait pas à être épuisé : « qu'importe, répondait-il, l'hospice n'est pas fait pour les chiens ! »

Toujours indulgent pour les autres, il n'était dur que pour lui-même. Parfois, en le voyant abimé de fatigue et pouvant à peine se tenir debout, on le priait de se reposer : « du repos, disait-il, j'aurai le temps d'en prendre dans l'autre monde, nous sommes dans celui-ci pour travailler. »

M. Locatelli prêchait souvent : son zèle le poussait sans cesse vers la chaire de vérité. Il arrivait, aux jours de grandes fêtes, qu'après avoir passé des journées et presque des nuits au confessionnal, il voulait chanter encore la grand'Messe et faire le prône. « Je suis épuisé, disait- il, mais je supplie les pécheurs de me fatiguer souvent de cette façon-là, car j'ai soif, soif de leurs âmes et cette soif que Notre Seigneur a connue sur la croix ne se peut rassasier. » Sa parole allait droit au cœur, elle ne rappelait pas l'éloquence de Bossuet, mais elle faisait songer à celle du curé d'Ars.

Faut-il le dire aussi, ce bon prêtre avait, pour convertir les âmes, deux moyens d'action plus puissants que les plus admirables discours . l'exemple et la prière. Sa vie entière a été un incomparable exemple ; notre bon curé répandait, autour de lui, la bonne odeur de Jésus-Christ. Suivant la parole de l'apôtre, il se faisait « tout à tous pour les sauver tous » (1). Et, le soir, après avoir terminé ses rudes labeurs et rempli ses devoirs envers ses paroissiens, il épanchait son âme devant Dieu, avec une admirable ferveur. Souvent, lorsque l'église était silencieuse et déserte, on le voyait prosterné en adoration devant le saint tabernacle ou pieusement agenouillé dans le coin obscur de la sacristie où le corps de Notre Divin Sauveur repose pendant la nuit. Son noble visage était resplendissant et la couronne argentée de ses cheveux blancs l'entourait d'une lumineuse auréole.

C'est dans cette intime communication avec Dieu que M. Locatelli puisait les forces et les lumières dont il avait besoin. Il ne priait pas seulement pour obtenir sa propre sanctification, il priait pour la sainte Eglise et pour son chef infaillible, il priait surtout pour sa chère paroisse, pour toutes les âmes confiées à ses soins pastoraux et dont il se considérait comme responsable devant Dieu.

Les années, en s'accumulant sur sa tête n'avaient

____

(1) Première épître de Saint Paul aux Corinthiens, IX. 22.

point diminué sa généreuse ardeur ; son intelligence
et sa mémoire étaient demeurées intactes. Aussi,
lorsqu'il nous fut donné de célébrer, en un même jour,
le cinquantième anniversaire de son ordination et le
vingt-cinquième anniversaire de sa nomination à la
cure de Passy, nous espérions que, pendant de lon-
gues années encore, nous verrions se prolonger une
existence qui nous était si chère. Dieu en avait autre-
ment décidé.

Un saint religieux, auquel nos discordes civiles ont
valu la palme du martyre, le P. Olivaint, disait
qu'un chrétien doit toujours être prêt à communier
et à mourir. Personne assurément n'était mieux pré-
paré que M. l'abbé Locatelli au grand acte de la mort
chrétienne. Il y a un an, à pareil jour, il avait célébré,
avec sa ferveur accoutumée, les saints mystères; au
moment où il achevait son action de grâces, un pauvre
s'était présenté à lui, un de ces pauvres honteux qu'il
aimait tant, et le bon curé lui avait donné une large
aumône, en lui adressant quelques-unes de ces bonnes
et réconfortantes paroles auxquelles son doux sou-
rire ajoutait tant de prix. Puis, au moment de rentrer
au presbytère où il voulait se recueillir un moment
avant de bénir l'union de Mlle de Riancey, il chancelle.
Il pousse un cri, l'on accourt et, à peine le vicaire
présent a-t-il prononcé les paroles de l'absolution

que, doucement et sans efforts, M. Locatelli rend à Dieu sa belle âme.

Il vous souvient du sentiment de stupeur et d'infinie tristesse qui se répandit à cette nouvelle. Pendant deux jours, ce fut un incessant défilé dans la chapelle ardente où reposait son corps. Chacun voulait contempler cette belle figure toujours souriante et revêtue par la mort d'une incomparable majesté. Jeunes gens et vieillards, pauvres et riches, religieux et laïques, étaient unis dans un même sentiment d'amère douleur. Lorsqu'il fallut enfin se séparer de cette chère dépouille pour la conduire à l'église, lorsqu'à la place où nous l'avions vu pendant plus de vingt-sept ans, nous aperçûmes un long crêpe de deuil, il y eut un affreux déchirement et, quand le glas funèbre mêlé aux chants et aux sublimes prières de la liturgie résonna à nos oreilles, ce fut un long sanglot qui lui répondit.

Vous n'avez pas oublié l'imposant cortège qui accompagna son cercueil à travers les rues de sa paroisse bien aimée : c'était une marche triomphale plus encore que funèbre. Et, après que la dernière prière eut été dite sur le cercueil qui renfermait le dépôt vénéré de ses cendres l'émotion fut si poignante que pas une voix n'eut le courage de se faire entendre.

Une année s'est écoulée depuis lors et, pendant ce temps, nous n'avons cessé de prier Dieu pour l'âme de son fidèle serviteur, mais souvent aussi nous avons demandé à ce bon prêtre d'intercéder pour nous. Nous resterons fidèles à cette pieuse coutume et nous n'oublierons pas celui qui ne cesse de penser à nous.

Oui, nous en avons la confiance, notre curé bien-aimé continue à veiller sur ses paroissiens, et, si nous demeurons fidèles à ses conseils, il nous obtiendra la grâce de le rejoindre un jour dans cette demeure céleste où il n'y aura plus qu'un seul troupeau et un seul Pasteur. (1)

—————

(1) Saint Jean, X. 16.

PARIS-AUTEUIL. — IMPRIMERIE DES APPRENTIS-ORPHELINS. — ROUSSEL
40, rue La Fontaine, 40.

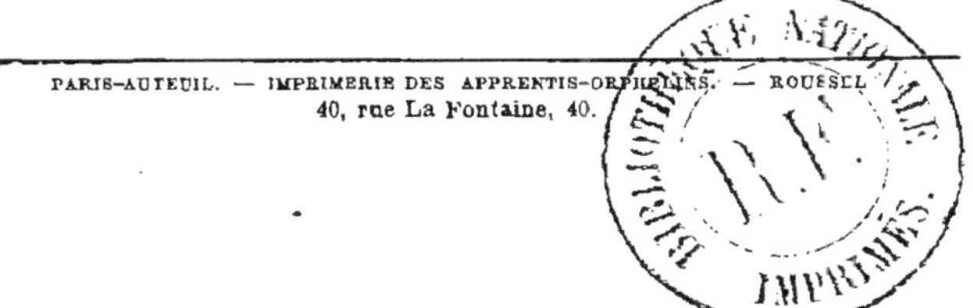